AF434093

* 9 7 8 8 7 9 3 3 7 5 7 9 6 *

DNA

شعر

أميرة دبل

KINZY

KINZY PUBLISHING AGENCY

2024

KINZY PUBLISHING AGENCY

Kinzypa.com

info@kinzypa.com

201122811065+

201122811064+

DNA
أميرة دبل

غلاف
صلاح زينل

إعداد وتنسيق
فريق
Kinzy Publishing
Agency

DNA

أميرة دبل

While every precaution has been taken in the preparation of this book, the publisher assumes no responsibility for errors or omissions, or for damages resulting from the use of the information contained herein.

DNA

First edition. 2024.

جيني وَجُنوني

مَذاقُ الشَّهْدِ في ثَغري وَفيهِ
بَيانُ فصاحةٍ لا لَغْوَ فيهِ

وَوَجَناتي استَوَتْ دُرّاقَتاها
وَفي غَمّازَتي دوّارُ تيهِ

وَاﻟﺄجفاني مَعَ الأَهْدابِ مَوْتٌ
فَكَيْفَ لِعاشِقٍ أَنْ يَتَّقيهِ

وَفي عَيْنَيَّ أَفْصاصٌ عِقاقٌ
تُعانِقُ فِضَّة الشَّفَقِ الوَجيهِ

وَقَدّي مِثْلَ مَوْكِبِ مِهْرَجانٍ
وُفودٌ مِن زُهُوّ تَلْتَقيهِ

وَعُمْرُ طفولَتي الأُنْثى تَماهى
كَعمْرِ صَنَوْبَرٍ أنِفٍ فَقيهِ

أَلَاجَلْ هَذي أَلَانا فِكْرٌ وَعِطْرٌ
وَغُنْجٌ ذابَ في سِحرٍ نَزيهِ

عساكَ تَحوزُ تَحليلاً لِجيني
وَتَقْربُ مِنْ جُنوني كَي تَعيْهِ

فَعِشْقي الأَصلُ وَالْغَيْرُ ادّعاءٌ
وَقَد مَلَكَ العُلا مَنْ يَقْتنيهِ

وَلا وَلْهى تُماثِلُني وُجوداً
وقد عَز المَقامُ عَنِ الشَّبيهِ

حين يلقاك

كَرقصةِ ال (فَعِلُن) في رحلَةِ السَّطرِ
أراكَ شطري الّذي يحنو على   شطري

كَنغمَةِ الرَّست زريابي يدندنُها
كنشوة الطفل... إنْ أستاذُهُ يُطري

كَلذّة الطيرِ حين الغيمُ عانقَهُ
كَنَسمَةٍ بالمَدى تَكتَظّ بِالعِطرِ

كَسنّةِ الفَجرِ وَالوَترِ استوَت ورعاً
كبهجَة الأجرِ في إطلالةِ الفِطرِ

كَذاكَ قَلبيَ إذ يَلقاكَ في هَزَجٍ

تُسديه أمرك بَدءاً شَهقةِ الفَطرِ

فإنْ بعدتَ عنِ الأحداقِ ثانِيةً
نفسـي ترومكَ كَالصّحراءِ لِلقَطرِ

كالدفقِ مِن كَرمَةٍ أورقتَ في جسدي
تقيمُ صلبَ الهَوى من عودها الأُطرِ

أحتاج صدرك لِلأزهار أنبتُها
إنّي على خِصيهِ أنشأتُهُ قُطري

حجايَ لا تستَوي في الفكر حكمَتها
إلا وأنت منايَ المُبتغى الفِطريِّ

أهواكَ يا قبلةَ اللّهفاتِ يا حرَماً
ولّيتُهُ جِهَتي واختَرتُهُ شَطري

عرج! فقلبي هَوى... إقلاعهُ طلَبٌ

لولاك إيقاعةّ المَجنونُ كالسّطر

لهفي

لَهَفي إِلَيكَ مُشاغِبٌ
يلهو بِأعصابِ الفِتَن

ومُمارِسٌ إرهابَهُ
ومفجّر حممَ الشّـجن

متغطرسٌ في غِلِّهِ
والروح دافعةُ الثّمَن

متخبّط إيقاع نب
ضي بِالنّوى، مَتَخربِطٌ

كم ترتجي رئتي الشّهيـ
ـق فمن يعيد شَذاه من؟

وكمـال بحر الشّـعر
ضيّع وزنَهُ... ضالاّ غدا

تفعيلُهُ فَعِلَنْ مف
اعلَتَن فعولَن فاعِلَن

من أوّل صدفة

عَرَضاً على أرضِ المطارِ بصدفَةٍ
قابَلتُ مَنْ بِثَرى الجَلالِ تقَولَبا

ذاكَ المَهيبُ بِهدأتي مُتلاعبٌ
سِحراً أتى... مُتسائِلاً... مُستَجوِبا

مِن أينَ أنتِ؟ شدا بِها مُترنّماً
بِعذوبَةٍ... والرُّشد عنّي أحصَبا

سوريّة لاشَكَّ أنتِ! فَقَد فشا
عطرُ الدلالِ وَعنكِ غُنْجكِ أعربا

وَكَأنّهُ لِتلوُّعي مُتَأهّبٌ
وبِلفظِهِ.... (آكو) كياني شَقلَبا

وَأنا عِراقِيٌّ .... يُتمّمُ شَدوَهْ
وَبِحينِها استقرارُ نبضي قَد خبا

بِشِفاهِهِ غَزُرَت منابتُ زنبَقٍ
وتَرى البَها بِجَبينِهِ شَمَماً ربا

وَبِكفِّهِ خَير تَوسّد رملَهُ
إذ حين صافَحني يَميني اعشَوشبا

ذبتُ اضطربتُ وارتَبكتُ بِلهفتي
أهلا أيا نسبِ السّموقِ وَمَرحبا

شيدت بِعينيهِ حدائِقُ بابلٍ
وَلَكَم وَدِدتُ بِذي الحضارةِ كوكبا

وَسَما بِقامتِه نَخيلٌ شامِخٌ

وَبِقدِّهِ المَغرورِ قَدي ذَوَّبا

نجلُ الرقيِّ؟
وَثَارَ خيلُ سَجِيَّتي
لأصوغَ شِعرا للِعريقِ مُذَهَّبا

وَجرى بِأقلامِ الهَوى العذري فَمي
لأحوزَ بِابنِ الرافِدينِ تقرُّبا

وَلَكَم لمستُ بجاهِهِ مُتنَبِّيًا
وعُلا حمورابي لعاطِفتي استبى

سبّحت
سحت وَرحت   أجزل حِسبَتي
كيف احتمالي   حسنَهُ المتَعجَبا

ويضيفُ أنَّ لِقاءنا مُتجَدِّدٌ..

وَبِمهجتي مُتَعصِبٌ صداً أبا

بغداد عشـقي يا ابنَها وتولُّهي
فيك استوى! وَبِبنتِ جلَّقَ ألهَبا

أموت...

في
مصحفِ الوَجهِ آياتٌ مِن الوَجَعِ
تُتلى بِثغرِيَ كي... تُنبيكَ عن ولعي

.

.

بينَ التّفاصيلِ ما يوحي به عوزي
دمعي ... كما خدِّيَ المحتاج للشُّبعِ

.

.

في معجمِ الشعرِ أحلامٌ بدت صوراً
ضمّنتها البأَس مخضوباً معَ الدلَعِ

.

.

تحكي عنِ الحبِّ،
عن أوديت تُشبهُني

بالسّحرِ كم رقصت حزناً مع البجعِ

.

.

في متحفِ القلبِ آثار غدت ترفاً
عِشقي وعيناكَ ... أحميها من الطمَعِ

.

.

يامَن تلازِمُ ديجوري كما نُهُري
وچين حبّكَ... موسومٌ على خِزعي

.

.

في
البُعدِ قطّعتَني شوقاً ولستَ ترى
أنّ اقترابَكَ يُحيي النّبضَ في قِطعي

.

.

دنيايَ ترخُص وَالأقدارُ تصلبني

إن لم تكن أملي.... أو لم تكن نُجَعي

.

.

أجل
أموتُ وَلا أرضى سواكَ هوىً
أموت.... أفنى ولا أرضى سواكَ معي

.

كن فظا غليظا

إبائي حائرٌ..بِالشَّـوقِ يكبو
يحنّ⬚⬚... إلى الّذي ما حنّ، يصبو

يَجنّ يُكِنُّ لِلمغرورِ حبّاً
يئنُّ وَعن صوابِ الصبرِ ينبو

يجيشُ تولّعي ويهيمُ رشـدي
يَجيءُ على جِمار الوَجد يحبو

أيا خِلّاً تَغرّرَ في كَياني
عرائِشُ عشـقِهِ في القدِّ تربو

وصالَكَ أرتَجي عدلاً وَحقّاً
خِراجَ هَوايَ أستـوفي وأجبو

بإسـلام اللقاءِ تجُبّ نَأياً
لِبيتِ سَلامِك المَيمونِ أضبو

وإلّا فلتكُن فظّاً غليظاً
وعلّمْ صبوتي تَنفَضُّ، تخبو

وبَدِّلْ لهفتي الرعناء رشداً
ودعهُ جواديَ التوّاقَ يَكبو

مثل دمية

سائِرٌ مَع دمي؛ تُغذّي وَريدي
ذائِبٌ في العِطرِ المقَبِّلِ جيدي

غائِصٌ
في يَدي؛ وَفي كُحلِ عيني
عابثٌ في شَعري وَسيماءِ غيدي

هائِمٌ في ثَغري كَشِعرٍ مُقفّى
وَالمَعاني بِالعِشقِ أغْنَتْ قَصيدي

في احتِفالِ السُّرورِ لمّا التَقَينا
في اعتِذارِ الأسى بيَومٍ سَعيدِ

ثائِرٌ

في الحنينِ يُضرِمْ صبْري
كَانْدلاعِ الصلى بِتِبرِ الحصيدِ

إنَّ ثَأري
مِنَ البُعادِ اختِلاسٌ
لِلثَّواني مِن عمْرِ وَصلٍ زَهيدِ

إنّني مِثْلُ دمْيَةٍ قَد تجلّى
حبُّها في عِناقِ طفلٍ عَنيدِ

كَم أنتَ تُعشَقُ!

‫ـ وَاحَرّ قَلبي كَيفَ وُدي تَجْحَدُ‬
‫وقَصائِدي الحُبْلى بِعشقِكَ تَشهَدُ‬

‫ـ ما بالُ حدسِكَ‬
‫هَلْ حسِبتَ صبابَتي!؟‬
‫تَخفى.... ووَجدي دمعُهُ لا يَجمُدُ‬

‫ـ هذي القَوافي وَالُرويُّ وَقِصّتي‬
‫وَمِداد شِلْعري بِالوَفاءِ تَعهَّدُوا‬

‫ـ يا مُتلِفي! كَيفَ التَصبّرُ دلَّني!‬
‫وسعير نأيِكَ في الحشا تَتوَقَّدُ‬

‫ـ إذ بِالبعادِ‬

غَزَوتَني... فَهَزَمتَني
وَغَدَت جيوشُ الصّبرِ مِنّي تُطرَدُ

_ يا ذا القَساوةِ!
ما أحلَّ لَكَ الهَوى
كسري جوىً! فَلِمَ النّوى تتَعَمَّدُ؟!

_ تَفنى الدهورُ
قديمها.... وَجَديدها
وَربيع حبّكَ في المدى يَتَجَدَّدُ

_ تَشـتاقُ روحي
وَالضّلوعُ وَقامتي
وَبِلَوْعةٍ مَع مُهجَتي تَتَوَحَّدُ

_ كَم أنتَ تُعشَـقُ!
وَاعتِرافي واجِبٌ

وَعقود عمري في رِضاكَ تُقيَّدُ

ـ أسرِج جوادكَ
ثُمَّ يَمِّمْ خافقاً
لَكَ فيهِ مهد بالهَنا يَتَوَسَّدُ

ـ كَمُّ السّعادة في عناقِكَ هائِلٌ
وَالعيشُ في حضنِ الأميرةِ أَسعدُ

شلال تشبيب

هيّا اهدِني
من نضارِ الحبّ سلسالا
وَمِن خضابِ دلالٍ طرّزِ الشّالا

.

.

أرِح قلبي بشعرٍ حين أقرأه
تغدو الأنوثةُ للنّجماتِ خلخالا

.

.

منكَ القَصيد
تواشُيح تحلّق بي
تثيرني نغَماً، رقصاً، وَمَوّالا

.

.

وانثُر على
عنقي عطراً يحرضُني
من زيزفون الضُّحى يستأنِسُ الخالا

.

.

وصغ منَ
البتَلاتِ البيض أسورةً
قرطاً، وعقداً، منَ الأزهارِ أشكالا

.

.

دلّع كثيراً وغنّج قامةَ امرأةٍ
مملوءةٍ شَغفاً، ممزوجَةٍ هالا

جموحةٍ!
ما ارتَضت بالقيدِ يحجمُها
ما غيرك ارتغَبَت خِلّاً وخَيّالا

.

إنّي أغارُ

فروِّض غيرتي غَزَلاً

واسكُب دمي واجعلِ التّشبيبَ شَلّالا

في المقهى

كانَ السُّكوتُ حَديثَنا المِكْثارا
وَعُيونُنا تَتَفَوَّهُ الأَسرارا

والجَوُّ ثَجّاجٌ، جَميلٌ، شاعِريٌّ
غَذّى البَيانَ؛ وَأَلْهَبَ الأَشْعارا

صوتُ الهُطولِ أَهاجَ نَبْضَ عَواطفي
أذْكى الشّعورَ؛ أَحالهُ إعصارا

كُنّا بِمُفْرَدِنا وَثالِثُنا الهَوى
وَجَميعٌ مَنْ حَضَروا غَدوا أَصفارا

ذاكَ البَهِيُّ زَها وَأَقْمَرَ لَيْلُهُ
والشَّيبُ عَزَّزَ في الكَيانِ وَقارا

كَانَتْ تُحدّثُني لُفَافَةُ تَبْغِهِ
وَلسانُ بُنّ بِالفَصاحةِ ثارا

قَلبي يُغازِلهُ! يهيمُ بِطَلْعةٍ
صيغَتْ حلاً، عَسَلاً، رَحيقاً، نارا

وَمِنِ ابتِسامةِ ثَغرِه ضاءَ الدُّجى
وَالرَّونَقُ استَولى المَكانَ فمارا

فَلَتَقْبِرنّي بَسمَةٌ قَوْلي علا
وَبِجَرأةٌ أَسبَغْتُهُ التِّكْرارا

فَأَجابَني وَبِلَهْفَةٍ تَجْتاحُهُ
دُنيايَ تَفديكِ الوَرى وَالدَّارا

تَفْديكِ يا عمْري مَدائِنُ صَبْوَتي

يَفديكِ كَوني الشَّمسَ والأقمارا

عسل هواه

يعادِيني زماني إن ذَواهُ
وزهرَ فمي بِفرقَتهِ زَواهُ

وَجدتُ.. كيانيَ المَمشوقَ سِلكاً
وقلبي منهَكاً يشكو جواهُ

لَدى كفّيهِ... لي وطنّ وَقوم
فإن وَلّى يُشَـتّـتُني نَواهُ

وفي عينيهِ.. مَقهى من صفاءٍ
وبُنُّهُما ثَرى روحي رواهُ

أحاوِلُ أن أحرّرَ منهُ فِكري
فيغوِيني وَما أغلى غِواهُ

أسيلُ بحضنِهِ المُكتَّظِ دفئاً
إنِ احتَدمَ الأسـى مالي سِـواهُ

وَديع الخلقِ ذو قلب سـليم
وَطيش الطبعِ في حِلمٍ طواهُ

تنَزَّهَ لَفظُهُ عن كلِّ عيبٍ
وَطابَقَ حسنهُ معنىً حواهُ

فَدامَ مبجّلا من كُلّ سوءٍ
كما ضمِنَ العراقَةَ مسـتواهُ

وَمُراً حبّه حسِـبوا، وَلَكن
غدا عسَـلا على قلبي هَواهُ

ولا عيني ترفُّ

تَخالُ سَيعتَري الخيلاءَ ضعفُ
وأهديكَ الرِّضى.. أو عنكَ أعفو

تظنُّ بِأن يُباغِتني اكتئابُ
إذا بحدائِقي أعياكَ ورفُ

وَتحسبُ أنَّني سَأذوب وَجداً
وَيفني أبهري في البُعدِ نزفُ

أوِ الأشـواقُ تمتَهنُ استِلابي
وَيضطرم الجوى فتكاً فأصفو

وأرجِع... مَرّةً لو في خَيالٍ
أيعقل هكذا؟ .... فكرا تجفُّ

فَذاك لعمركَ المقصوف حلم
ذوى فأؤمر مُناكَ بأن يكفّوا

وثقتُ وأنتَ... بالحبّ ادعاءٌ
وصدقي في الهوى دينٌ وعرفُ

أجل!
سأغيثُ ذاتي بعد غَوصي
وأنجو.. والنّجاةُ   لديكَ حتفُ

فَلا تمكر لِكي أهديك قلبي
سَأمنعهُ ولو أضناكَ زحفُ
وَمهما تَرتجيهِ ولا (ع بالي)
وَلن يشجي شعوري منك عزفُ

أنا اعتدتُ

التَّبدل في قصيدي
وشعر ترفّعي فوراً أصفُّ

نزعتك مِن جنانٍ في فُؤادي
شطبتُك قبل أن يرتَد طرفُ

أبدّل منك ألفاً لا أبالي
معاندةٌ... وَلا عيني ترفُّ

شيب

أَوّاهُ...
أَوْقَعَني في حُبّكَ الشّيبُ
وَأُثْبِتَ العِشْقُ لا زَيْفٌ وَلا رَيْبُ

كُلُّ ...
التَّفاعيلِ رامَتْ وَصفَ عاطِفَتي
إِعلانُ حُبّكَ لا سُحتٌ وَلا عَيْبُ

هَذي...
ضُلوعيَ بِ⬚الأَزهارِ قَد زُرِعَتْ
وَلَهفَتي وَهَجٌ ضَجَّتْ بِهِ الجَيْبُ

وَصِرتُ
أُرعَبُ مِنْ نَأيٍ يُقَطّعُني

فَالبُعدُ قاسٍ وَلا لا يُعلَمُ الغَيْبُ

مَنْ ذا؟
يُعوِّضُني يا روحَ عافِيَتي
في بترِها – رِئَتي – لا يَنْفعُ النّيْبُ

إنّ الهوى ذَبّاحُ

قالوا: كِيانَكِ وَالنُّهى يَجتاحّ
إِنْ قالَ: عـودي فَالرّجوعُ مُتاحُ

وَحرامُ صَفْحِكِ موصدٌ بِتَعنُّتٍ
فَإذا تَأسَّفَ مرّةً سَيُباحُ

مُتَحكِّمٌ أغـواكِ سِـحرُ بهائِهِ
غُصِ اللّبَّ السّفينُ وَأُغرِقَ المَلّاحُ

فَأَجَبتُهُم: جَلَدي بِطلعَتِهٌ انْطوى
قَد لانَ صَدّي... ما عَلَيَّ   جُناحُ

لا الوردُ ضَوّعَ عِطرَهُ في بُعدِهِ
بَينَ الضُّلوعِ وَلا الأقاحُ أَقاحُ

وَإِلَيهِ

شَوقاً أَظلَمَ الحزنُ الضُّحى
آهِ... وَغُمَّ هَزارِيَ الصَّدَّاحُ

حاوَلتُ أُاخفي لوعَتي وَتَلَهُّفي
لَكِن... وَهجَ تَلوُّعي فَضَّاحُ

إِنْ كانَ بَوحُ قَصيدَتي مُتَلَعثِمٌ
فَغيومُ دَمْعي كلُّهُنَ فِصاحُ

وَبِكُلِّ عينٍ للتَّعشُّقِ سورة
وَضَحتْ وكُلُّ تنشُّقٍ إصحاحُ

يا لِلصّبابَةِ كَم لَها مِن سَطوةٍ
تُفتي الجَوى وَمَليكُها سَفّاحُ

وَتُذيقُنا خَمرَ التَسَهُّدِ لا الكَرى
وَجَعُ المُحِبّ مدامُها لا الرّاحُ

أَنا يا ابْنَ خَفّاقي وَنَبضَ شِغافِهِ
عِندي رِضاكَ تطلُّعٌ وَفَلاحُ

مادامَ أنَّ جِنايَتي بِمَحبتي
في سِجنِك الأبدي هُدى وَصلاحُ

وَلَعَلَّ
يَشفَعُ لي التشوّقُ في النّوى
وَلَعَلَّ ضَمكَ وَالعِناقَ سَماحُ

إنّي عشقتُكَ بالتَهورِ والحِجى
يا مُتلِفي إنّ الهوى ذَبّاحُ

أرنو سلامَك

• فِكرٌ تَجَمَّدَ... وَالجَوارحُ بارِدة
وَالشّوقُ أَجَّجَ في الضّلوعِ مَواقِده

• وَالحَرفُ صِفرٌ وَالقوافي هاجَرَت
وَالشّعرُ صَفَّدَ في الفراقِ سَواعِدَه

• مَكَثَتْ تناهيدُ الصّقيعِ عَلى فَمي
وأرى حَرائِقَ مِن وِئامِكَ خامِدة

• حاوَلتُ أَنْ أُعطي الغَرامَ شَرارةً
بِلَظى هَوايَ فَما حَصَدتُ فَوائِدَه

• وَجَعَلْتُ مِن غَيثِ القَصيدةِ جَدولاً
يَسقي رِمالاً مِن جَفافِكَ هامِدة

- وَصَبَرتُ كي أجني بيادِرَ مِن شذَاّ
أَرجو حَماماتٍ بِوصلِكَ.. وافِدة

- وَهَرِمتُ بَحثاً عَن فَصاحةِ فِكـرةٍ
هربَت لِتَبقى من بعادِكَ... شارِدة

- إنّي لَيَسحَقُني الصّدود عَلى الأسى
فَوَدِدت أَنْ أجتَثّ منهُ قَواعِدَه

- وَلَقَد سَئِمتُ من القِتالِ بمُفرَدي
أرنو سَلامَكَ لِلحروبِ السّائِدة

- إنّي غَرَستُ مِنَ الأماني زهرةً
فلعلني يومًا سأقطف واحِدةْ

- لا عَيشَ يُغريني إذا.. خِلٌّ نَأى
عَنّي ولا شَهق الحَياةِ الواعِدة

- يا آسِري وَحَبيبَ روحي إنَّ لي
في راحَتيْكَ َجِنانَ حبٍّ خالِدة

- يا أَيُّها الرّامي بِقَلبي... جَمرةً
واللّهِ... إنّي عن سِـواكَ لَزاهِدةْ

جوى

تُعشِّشُ غَصّةٌ في لبّ جِيدي
وَتَحنانٌ لِشرقيي البَعيدِ

وَيَنتَشِئُ التَّشوقُ في كَياني
وَيَجْذِبُني لِذَيّاكَ الفَريدِ

وَيَحتَضِرُ التصبّرُ في هُدوئي
يُعزِّزُ هاجسَ الأرقِ المَديدِ

أَلَاحِنُّ، أَلَاجَنُّ، يغَشاني نُزوعٌ
لِناءٍ صارَ أقربَ مِنْ وريدي

وَإِلَاذْ ما أَرتَجي النِّسيانَ قَسراً
يَعودُ إليَّ في نَبْضٍ وَليدِ

45

وَذِكرى حُبِّنا تَجْتاحُ وَقْتي
تُوَّجُّ لَهْفَتي؛ وَتَقولُ ميدي

وَتَبْدو أذهَلُ الدهشاتِ خِدْراً
تَشِتُّ الفِكرَ عنْ أَلَمي الشَّديدِ

فَكُلُّهُمُ ضماداتٌ لِجرحٍ
أَبدّلها لأنْزِفَ مِنْ جَديدِ

يَصيرُ تَوالِدُ السّاعاتِ ذَنْباً
فأذْنِبُ ثُمَّ أبْحثُ عنْ مَزيدِ

وأخْطِئ كلُّ أخطائي.. بأنّي
خُلِقْتُ جوى مِنَ الضِّلع العنيدِ

صكُّ امتِلاك

صكُّ امْتِلاكِكَ كُلّي حِبْرُهُ دَمْعي
مُوَقَّعٌ بِيَراعٍ قُصَّ مِنْ ضِلْعي

بُنودُهُ كُتِبَت وَالقَلْبُ صفحتُهُ
تَضمينُها شَغَفٌ من مُنتهى وِسْعي

مُدَوَّنٌ أَنَّني أُنْثى مُتَيَّمَةٌ
وَچينُ حبِّكَ مَنحوتٌ على جَذْعي

المُذْهِلُ الأعجَبُ الأَبْهى بِقافِيَتي
السِّحرُ والكونُ والمقْصودُ في بَدعي

هَذا غرامُكَ يَستولي على مُدُني
كَالموريات وَقَدحاً مُتقِناً صرعي

هَذا هُيامُك يا ذبّاحَ أَوْرَدَتي
ومديةُ الحبِّ لا تُبْقي على بِضْعي

لَكنَّ هاجِسَ بُعدٍ عنْكَ حاصرني
صبْحاً مُغيراتُهُ قد باغَتَتْ صُقْعي

وَفي الدجى وَسَنٌ جافٍ بِظَلّتِهِ
وَالنّأْيُ ضَاعَفَ مِنْ جاثومِهِ روْعي

رهابُ فَقْدكَ مُضْنٍ قَاسِمٌ جَسدي
هَبْني مُعانقة رمّم بِها جَمْعي

سِحري أشْعاري

بي مِثْلُ ما بِكَ يا سِحريَّ أشْعاري
بَيْنَ السُّطورِ أُواري كنْزَ أسراري

فيعلَمُ الفذُّ أنّي مِنْ رحيقٍ أسى
صفَّيْتُ حِبْري مِنْ دمْعاتِ أزْهاري

لَمْ يُكتَمِ القَهْرُ فَالإحساسُ مُنْبَثِقٌ
عنْ نَغْمَةِ ال فَعِلُنْ مُستَفْعِلُ النّار

السَّعد يَهْجُرُني؛ يأْبى مُرافَقتي
وَما التّعاسةُ إلّا وَسمُ أَقْداري

والبُؤسُ ما سالَ إلّا مِنْ أصابِعِها
فَتَستَقي شَجَناً أرضي وَأشْجاري

49

أعامِلُ الحزْنَ مِثْلَ الطِّفْلِ أحرُسُهُ
وَإذْ يَنامُ أداري صوتَ إبْشاري

لَكِنَّهُ بِثيابي مُمْسِكٌ أَبَداً
وَأَيْنَما رحتُ ناداني بِإصرارِ

أُحدِّثُ
النَفْسَ إذْ بِاللَّيلِ يَحصرُها
أَنْ قَطِّعي سَيْرَ خَيْباتٍ بِأَذْكارِ

فَمَنْ أنا؟
غَيْرُ أُنْثى مِن قَوامِ نَدى
وَاللِّينُ وَاللُّطفُ شاماتي كَأَقْمارِ

وَمَنْ أنا؟
غَيْرُ روحٍ هَشَّةٍ خُلِقَتْ

مِنْ رَعْشَةِ الحبّ لا مِنْ بَعضِ أَلْاحجارِ

الآنَ تمطر

الوقْت يُسكِرُ؛ وَالمَساءُ هَفيفُ
وَالظِّلُ مِنْ قَصرِ السَّحابِ مُنيفُ

وَالجَوُّ يَكشِفُ ضِحكَةً عفويَّةً
بِسما البَهاء يَحوزُها التَّصنيفُ

وَكَأَنَّني لِلْمَرَّةِ الأولى أرى!
مالي أُحدِّقُ وَالذُّهولُ حليفُ؟

الآن تُمْطِرُ والمَآقي أُمْلِئتْ
بِالثَّرثَراتِ يقُودها التَّطويفُ

مَطَرٌ يُنَغِّمُهُ النَّباتُ لِذا إلى
زَخّاتِه لَحن الحفيفِ يُضيفُ

وَتُبَلِّلُ القَطَراتُ أَجزائي وَإِذْ
لِعواطِفي قَد خانَني التّوصيفُ

وَبِشُعبَةِ الذِّكْرى غَدَوْتُ بِلَهْفَتي
تِلْميذَةً! وَلَها الحنينُ عريفُ

وَتَعاظَمَ الشَّوقُ العنيدُ بِخاطِري
وَبِنَهرِ تَحناني غَلا التّجْديفُ

وَرَغِبْت أَنْ أَحظى بِرِفْقَةِ عاشِقي
يُحصي خُطانا بِالغَرامِ رصيفُ

لَستُ الّتي تَحتَجُّ عند قُنوطها
أنا قَد ضَحِكْتُ وَبِالعروقُ نَزيفُ

أرق تفاسير الهوى ضَمَّ فَما

53

أَبْهى العِناقَ وَالأوانُ خَريفُ

أحتاجُ في حِضْنِ الحَبيبِ مَتاهَتي
طمسُ الهُوِيَّةِ في الهَوى تَعريفُ

يباع ويشترى

• أتُراكَ تَعقِلُ ما يَكونُ وَما جَرى
وَعَلِمْتَ عمركَ لَيْسَ عذباً أخْضَرا

• قدَ لا تُحِسُّ بِمَن يُريدُك كَوْنَهُ
أوْ آخَرْ لِجميلِ حبّكِ لا يَرى

• وَتُجدِّدُ الدنْيا دروسَ دَهائِها
وَتَمَلُّ صفْعاً بِالخِداعِ تَكَّررا

• أمّا فَقَلْبي في ضَياعِ سَفينِه
يَكْفيهِ مَرسىً بالعناقِ تَعمَّرا

• أحتاجُ في فَوضى سِنيني نَظْرةٌ
عينانِ تَحتَسبانِ قَدّي مَرمَرا

أحتاجُ في أقصى شقائي قُبْلَةً
شَفَتانِ تَلتَهِمانِ وَجْهيَ سُكَّرا

فَالحبُّ في ديني عطاءٌ خالِصٌ
وَتعلُّقٌ وَالشوْقُ فيهِ تَفَجَّرا

وَبِمَذْهبِ الأوغادِ لا عِزَّ لَه
فَتَراهُ في زَيْفٍ يُباعُ وَيُشْتَرى

سأعود

يامَنْ يُسافِرُ في دَمي وَيَخوضُ
حتّامَ حكْمُك بِالهَوى مَفروضُ؟

صكُّ اعتِناقِي دين عِشْقِكَ تالِدٌ
وَكُمَيْتُ نَبْضِي في هَواكَ رَكوضُ

عمْرٌ مَضى وَالقَلْبُ مِنّي لَمْ يَشِخ
رَغْمَ الجَفافِ ربيعُهُ مَعروضُ

لِلهِ دَرُّ النّاصحينَ فَإِنَّهُمْ
شكّوا لِماذا يَعتَريكَ غُموضُ

نَصحوا فُؤادِي يَكتَفِي فَأجَبْتُهُمْ
في صِدقِ حبّي مَوْثِقٌ وَفُروضُ

أخْبَرتُهُمْ أنْتَ التبسُّم في الأسى
نَكْثُ العهودِ مُحرَّمٌ مَرفوضُ

أَفْني الجَفاءَ وَأنْتَ تَعبَثُ لاهِياً
أغرتْك منّي لِلأناةِ فُيوضُ

فَالآنَ أضْرِمُ في قَديمِكَ قِصّتي
إنّ القَصائِدَ طرفْها مَغْضوضُ

سأعود مِنْ حيثُ ابتَدأتُ أميرةً
أعلو... وَما لِلعابثينَ نُهوضُ

أبقيكَ
تَقضي حرقةً، تَجْني الجَوى
إذ وَالبنانُ تَحسراً مَعضوضُ

أشعر الشعرا

شِعري بَسيطٌ إِذا لِلْكَونِ أَقْرِضُهُ
لَكِنْ بِحبّكَ أَغدو أَشْعَرَ الشُّعَرا

مَنْ
غَيْرُ سِحركَ يُزْجي المُفْرداتِ رُؤى
كَالوَدقِ يُخْرِجُها مَمْلوءَةً فِكَرا

مَنْ غَيْرهُ يُضرمَ النّيرانَ في لُغَتي
مَنْ حمّها؟! كَلِماتي زادَها شَرَرا

مَنْ
غَيْرُ حسنِكَ يُحيي الروحَ في قَلَمي
يَبْدو بِوَصفِكَ ريّاناً بَهاهُ سَرى

مَنْ

أَنْزَفَ الشَّوقَ مِنْ شريانِ قافِيَتي
وَمِنْ حروفي أَجْرى الدَّمَّ وَالعِبَرا

يَدور نَجْمُكَ في أَفْلاكِهِمْ وَأَنا
بِريفِ عينَيْك نِلْتُ الأرْضَ وَالقَمَرا

وَالنّاسُ في مَكَّةَ الإيمانِ عمْرتُهُم
وَوَجْهَكَ اخْتَرتُهُ كَيْ أُنْجِزَ العَمَرا

القطفُ بِالتّقسيطِ

■أَذِّنْ بِوصلِكَ كَي يَقُضَّ شُغوري
كَي يَستبيحَ مَساحَتي وَشُعوري

■إِذْ إنَّهُ لَوْ بِالمَنامِ يَزورُني
سَيَصير غَيْثاً مَوْسِمُ الديْجورِ

■وَوِسادتي يَغدو الربيعُ كِساءَها
وَتَفوحُ نَفْحةُ فُلِّها وَالجوري

■وَإذا رأَيْتُكَ واقِعاً وَضَمَمْتَني
يَزْهو النّهارُ بِحقْلِهِ المَغرورِ

■يَعشَوْشِبُ
الغَزَلُ الجميلُ قَصيدةً

وَسَنابِلُ التَّشبيبِ بَيْنَ سطوري

▪بِالتّينِ وَالزّيتونُ تَزرعُ قامَتي
بِالهالِ وَالصفْصافِ وَالمَنْثورِ

▪وَتَنُثُّ أَضْلاعي رحيقاً عاطِراً
والشَّهدُ يُغني جِيديَ البَلُّوري

▪فَاحضر
فَديتُك دائماً ثُمَّ اجنِني
تَقْسيطُ قَطفي لا يُتِمَّ سُروري

الفصول الأربعة

نُور بِوَجْهِكَ وَالأَنامُ مُقنَّعةْ
لِنَجاةِ روحي أرتَجيه لِأَتْبَعَهْ

بِنَشازِ صَوْتِهُمُ المَقامُ مضرَّجٌ
مِنْ عَذبِ صوْتِكَ هاتِني كَيْ أَسمَعَهْ

في ساحةِ التّفريقِ طاغٍ حاقِدٌ
بِالسّهمِ مِنْ عينْيكَ يَلْقى مَصرعَهْ

أحتاجُ صدرَكَ في انْقِباضٍ مَدائِني
للهِ درَّ فَضائِهِ ما أَوْسَعهْ

وَبِمَوسِمِ الشّحناءِ عِطرَكَ أَبْتَغي
نَسماتِ طيبٍ بِالنّقاوةِ مُترَعَةْ

وَإذا اعتَرى الألبابَ صخْرُ تَفَكُّرٍ
أدركْتُ حلْمَكَ لِلْتَّحجُّرِ طَوَّعَهْ

وَأَنينُ قَلْبي أَجْهَلُ استِمرارَهُ
رغِبَ الشِّفاءَ وَلَثْمُ ثَغْرِكَ أَقْنَعَهْ

هَبْني قِوىً؛
بِالضَّمِّ كَسِّر وَحدتي
سُبُلُ اكتِمالِ البِشْرِ فيكَ مُجَمَّعَهْ

لَكَ حاجَتي لا تَنتَهي ذا أنَّني
كَالزَّرعِ أحتاجُ الفُصولَ الأَربَعَةْ

ثوابتُ حبي

بِكُلِّ ثَوابِتِ الحبّ امتَحنّي
وَأيْقِنْ أَنّي الوَلهى وَأنّي

بكُلِّ أدلّةِ الإخلاصِ أُدلي
وَحكمُكَ ساحِرٌ حدَّ التَجنّي

وَروحي تِلْكَ حوّلُها لِنايٍ
لِتَعزِفَ بِالجَوى لَحنَ التَمَنّي

تمنّي وَصلَكَ المُغني لِنَبْضي
وَأَنّكَ مُنقِذي ما خابَ ظنّي

أحِبُّكَ لَو يَسودُ الحزنُ وَقتي
وَتُفرِحني بِحسنٍ قَد فتَنّي

تُوافِقُكَ الأنا إنْ شُقْتُ نَفسي
وَأسهِبُ لَهْفَتي إنْ ضِقتُ مِنّي

وَآخُذُني إِلَيْكَ بِكُلِّ ضَعفيَ
وَتحضِنُني فَتَفني الجَورَ عنّي

ابنُ الّذينَ

= مَنْ أَيْقَظَ الوَجْدَ الدفينَ بِحسنِهِ
وَوَشى بِهِ كَيْ بِاللّيالي يَنْزِفا

= مَنْ ذا!!؟
بِفيهِ غَدا الكَلامُ كَمُعجَمٍ
فَأصيرُ في شَفَتَيْهِ فِعلاً أَجْوَفا

= وَبِصَوتِهِ العَذْبِ النَديّ تَناغُمٌ
جَبَر الحواسَ بِأنْ تصيخَ وتَعكُفا

= ابْنَ الّذينَ!!
يُذيبُني؛ بِبَهائِهِ
وَيجيءُ يَمنَعُني هواهُ تَعسُّفا

الشّهيد المُجتبى

يا لَيْتَني!
لَمَّا قَضى وَدَّعتُهُ
وَغَسَلْتُهُ بِطهورِ نَزْفِ دُموعي

يا لَيتني!
قَبَّلتُ مِنْه جَبينَﷻه
وَحَضَنْتُهُ في لَيّناتِ ضُلوعي

وَشَمَمْتُ
عِطرَ دِمائِهِ.. زَمَّلْتُهُ
بِطَريّ قِطعةِ خافِقي المَفجوعِ

لكِنَّني!
والقَصفُ كانَ مؤجَّجاً

ذَهَبـوا بِهِ وَأنا بِطورِ خُضوعي

صارَ الثَّرى
مَأَوى الشَّهيدِ المُجْتَبى
وَطفِقْتُ أُنْجِزُ لِلْجَليلِ ركوعي

عمْرٌ
وَكَيْفَ بِفَقْدِهِ سأعيشُهُ
وَمُصيبَتي مَنَعَت علَيّ هُجوعي

أَنْساهُ!
كَيْفَ؟ وَلَهْفتي لا تَنْطفي
وَتُباغِتُ الذِّكْرى غضونَ ربوعي

مِرآتي

تَتَساءَلُ المِرآةُ كَمْ؟
يَبْدو علَيَّ تَلَبُّكي

أَخَيالُ قَدِّي قائِمٌ؟
أمْ ذا انعِكاسُ تَشَكّكي

أغدا السّقامُ مُظَفّراً؟
بِقَضاءِ صَكِّ تَمَلُّكي

وَإلَيهِ وجّهني الأَسى
فأفاقَ فِيَّ تَصعلُكي

والشَّرُّ حرّكَ خَيلَهُ
وَأعاقَ خَيرَ تَحرُّكي

يا لوعةً بِدمي سَرتْ
زادت عليَّ تَفَكُّكي

لَمْ تَبْقَ فيَّ شِدةّ
غيْر اشتِدادِ توعُّكي

بَيْنَ الضياعِ مَراكِبٌ
حيْرى وَمَوجٌ مُهلكي

وَبرغمِ قسوةِ عالَمي
أعلنْتُ حكْمَ تَنَسُّكي

حسبي وَإن زاد القِلى
بِالحبِّ زاد تَمَسُّكي

أَنْتَ المُبتَدأ

خَبَرٌ مَحَلُّ الآخرينَ بِجُمْلَتي
لَمْ تَكْتَمِلْ جَدوى بِدونِ المُبْتَدأ

مَتَصَدِّرٌ إعرابَها أَنْتَ الّذي
أَذْهَلْتَ تَفْسيراً مَعاجِمَ مَنْ قَرَأْ

وَلَرُبَّ عاشِقَةٍ تُنَبِّئ غيرَها
عَنْ حُسنِكَ المُضني فَأَعجَزَها النّبَأْ

إِنّي أَغارُ فَسِحرُكَ اصطادَ النُّهى
مِنْ نِسوَةٍ أَعدَدنَ قَبْلَكَ مُتَّكَأْ

وأخافُ جِدّاً ظُلْم قافِيَةِ الهَوى
فَالوَصفُ يَحتَمِلُ الصوابَ مَعَ الخَطَأْ

مَضْمونُ بوحي لا يرومُ تَجاوُزاً
صِدقاً مُبالَغَةً بِوَصفِكَ لم يَشَأْ

فَالشِّعرُ نَهْرٌ أَنْتَ أَنْتَ مَصَبُّهُ
بِجَميعِ تَفْعيلاتِ صَبوَتِكَ امْتَلَأْ

وَاللهُ قَد شَطَرَ المَلاحَةَ في الدُّنى
وَعلَى كِيانِكَ شَطرُها الثّاني نَشَأْ

كُرمى لِعيْنِكَ

إِﻻِنْ لَمْ أكنْ لَكَ قُرةً سَأكونُ مَنْ؟
أوْ لِلْصفيّ فِدىً أنا! أُمْسي لِمَنْ؟

إِﻻِنْ لَمْ يَكُنْ كُرمى لِعَيْنِكَ عالَمي
وَلِمَنْ ألوذُ بِهِ وَعيناهُ السَّكَنْ!

أَيُرضيكَ أنْ
يَقْتاتَ مِنْ دمِيَ الردى؟
وَيَسيرَ نَعشي بِالأماني قَبْلَ أنْ

أُفْضي إلى مشكاةِ صدرِكَ لَهْفَتي
فَهُوَ الأمانُ وَكُلُّ ما يَعني الوَطنْ

هَبْني عِناقاً وَلتكسِّر أضلُعي

بِقِوى ذراعِكَ يَنْتَهي حكْمُ الشّجَنْ

كلُّ المَصائِب حلُّها بِتَعقُّلٍ
إلّا فِراقكَ مِنْ تَخيّلِهِ أُجَنْ

لا لِلْحياةِ بِدونِ حبّكَ مُطلَقاً
لا لَن أفارِقَ عاشِقي كلّا وَلَن

استولى على وجداني

لا شَيءَ يغني الشّعرَ غير رقيّهِ
يضفي لِذائقَتي بديعَ معانٍ

كم تُستَفَزُّ مَحابِري مِن هيبَةٍ
ألقَت على الكتِفَين سَبع مَثاني

لا شَيءَ يُغري اللَّحنَ غير حديثِه
وثقافَةِ مخضوبةٍ بِبَيانِ

تِلكَ الخُشـونَةُ في كَثافَةِ صوتِهِ
تحنو علَيَّ بِرقَّةٍ ككَمانِ

دلّولَتي... لمّا يُناديني بِها
رجفُ الثّمالَةِ يَستبيح كِياني

أُصغي، أذوبُ صبابةً بِمُحبَّبٍ
أغفو فتَلهو شمسه بِزَماني

عسَلٌ مصفّى عاشِقٌ حدقاتِهِ
ولحاظهُ النّعسى تُثيرُ حناني

طيّاتُ ياقَتِهِ تُراودني كَما
أزرارهُ الكَسلى تُريد بَناني

ويَطير نَورسُ لهفَتي لِعناقِهِ
غَرقاً يرومُ بِفُسحةِ الأحضان

إنّي وجَدتُ أصالَةً في كَونِهِ
والقَمح في كفّيهِ مرج جِنانِ

منهُ العراقَةُ مازَجَت كينوَتي

شــمخت وَذي رحماتُها تغشـاني

فَلمَ المَلامُ بِأَّنني وَلهى بِهِ
أو أَّنه استولى على وُجداني

لا عساني أحرمك

تَوْقيتُ نَبْضٍ تَلَهُّفي مُتَخالِفٌ
وَصباحُهُ غافٍ وَيَرنو مَبسَمَك

وَاليَومُ دهْرٌ وَالثَّواني جُمِّدَت
فَعَلَى تَلَكُؤِ خَفْقِهِ مَنْ حَكّمَك؟

يا عُمْرَ عُمْري! يا هَوىً! إنّ النَّوَى
طحَنَ التّصبُّر ما بِربِّكَ أحجَمَك؟

يا هاجِسي بِالتّوقُّ هاجَ تَضَرّمي
ظَمْأى! الشِّفاهُ مَتى تَعود لِألثِمَك؟

إذْ حيثُما حدَّثَتني أشْغَفَتَني
ثار اشتِهاءُ قَصائِدي كَيْ أقضِمَك

يا مَن سَبى كُلِّي وَكُلِّي مُلْكُهُ
ثَكْلى العيونُ مَتى تُطِلُّ لِأَرسُمَكْ؟

خُذني إِلَيْكَ بِصبْوَتي أو فَائتِني
تفديكَ روحي لا عساني أحرَمَكْ

حسن

كيانُكَ لا نظيرَ لهُ يؤولُ
بكلِّ عراقةِ المنشا يَقولُ

لهُ جذرٌ أصيلٌ وامتِداد
بِطيبٍ في مَكامنهِ تَجولُ

وَفي كفّيْكَ إكرامٌ وَجودٌ
وَفي عينَيكَ لِلتقوى سهولُ

وقولُك بالفصاحة من زلالٍ
ونضجك في تَعمْلُقهِ عَجولُ

تملّكتَ القلوبَ بكلِّ حبٍّ
وهذا الحسنُ تَعشقه العقولُ

خَطَأٌ مُتَعَمَّد

مُتَسَلِّلاً وَالبُعدُ أَرَّقَهُ
يَأتي إِلَيَّ وَشَوْقُهُ يَمُّ

أَشفَقْتُ
وَاستَقبَلْتُهُ بِجوىً
تَفديكَ حبّي الرُّوحُ وَالدمُّ

ثُمَّ التَّساؤُلُ عَن مُغامَرةٍ
كَيفَ؟ الزِّيارةُ وَالرَّدى جَمُّ

إنَّ الأَميرةُ قالها وَلَهي
وَغَيرِها.... لا لَستُ أَهتَمُّ

فَضَحِكْتُ

وَاستَنكَرتُ جُملَتَهُ
مُتَعمِّداً؟! أَم أَخْطَأَ الفَمُّ

حقُّ الأَميرةِ نَصبُ آخِرِها
فَأَجابَني: مِنْ حَقّكِ الضَّمُّ

شبه قصيدة (الزمكان)

في لَيلَةِ الأَمسِ الوَدودِ الحاني
أدركتُ أنَّكَ مُغرمٌ بِكَياني ...

حقّاً
بلى؛ وَمُتَيَّمٌ وَمُسبِّحٌ لِلهِ مَفتونا بِما أعطاني

_ بِحروفِكَ الإقرارُ والعِرفانُ أنّ الحسنَ في
كَينونتي!
مُتربِّعٌ فيّ الغِوى؛
وَبِأنّهُ أبرى الجَمالَ علَى مَقاسي أينما حلَّ
البهاءُ وصوَّر الأقمارَ والأسحارَ حينَ براني..

_أيقنتُ أنّكَ عاشِقٌ أعلى شُموخ النّخْلِ

حتّى مَنبت الأسرارِ في أدنايَ وَبَراعِم الأزهارِ
في أفناني.

ـ وعرفتُ أَنّك تائهٌ بِتشابكِ الأهدابِ في
أجفاني

ـ تَهوى البَسيطةَ كُلّها بِسهولها وَجِبالها
بِهِضابها وَبُحورِها؛ وَبِرَملها الذَّهَبِيُّ في
الشطآن

ـ بِحدائقِ الدرّاقِ وَالصبّار والأَشــواكِ
وَالصفصافِ وَالتّفاحِ وَالرمّان ..

ـ تَهوى السنابِلَ والبلابِل وَالتّوابِل والعنادِلَ
وَالسـراخِسَ والنّوارِسَ
كُلَّ شَيْءٍ، ..... كُلَّ فِعلٍ يُسجرُ الإعصار حينَ
تراني

ـ تهوى رحيقَ مَشاعري؛ وَعريقَ فِكرٍ في
سطورِ دفاتِري..
والمَوتُ فيَّ ألذُّ منْ عَيشٍ إذا ضَيَّعتَهُ
عنواني..

ـ إنّي فَهِمْتُ بِدون اعتِرافِكَ كمْ وَكَمْ
تهواني !

ـ صرّح بها.. لا تُخفِ عِشقاً كامناً
فجّر غرامك؛ زَلْزِلْ الأرضينَ وَالحلمَ استبِقْ
صيّرهُ بِالإمكانِ

قُل لي: جَزيل صبابَتي! يامَنْ وُجودكِ نعمَةٌ
والشُّكر لله الّذي مِن روحِ عشقكِ أنتِ قد
سوّاني

ـ دوزِنْ على قيثارةٍ في راحتي معزوفةً
بمدى الصّبا
أجّجْ ضِرامَ حناني

ـ فَأنا لديكَ المَوطنُ المَفقودُ وَالتّاريخُ
وَالمَوجودُ وَالتّوقيتُ وَالمَوعودُ في الإحسانِ

ـ وَأنا الّتي عرجَت كَما البُشرى كَما
الأفراح والسعد المُراد بِخَفْقةِ الزمَكانِ

ترحال

لا بَيْتَ يَحضِنُ، لا مَنْعٌ لِترحالي
والبُعدُ هَدَّ كَياني شَقَّ أَوْصالي

أُمّي المَسافَةُ، وَالتَّشتيتُ باتَ أَلّاُبي
وَالهَمُّ عمّيَ وَالأتراحُ أخْوالي

لي ذِكْرياتٌ، طَغَتْ ما كِدتُ ألجمُها
حَتَّى تَعودَ وَيغْزو جَيْشُها بالي

تَجُولُ فيَّ وَفي كَينَونَتي رَسَخَتْ
تَنْهالُ مُسرِعَةً سَكباً كَشَلّالِ

آلافُ من قِصصٍ تُروى بِسُمْرَتِه
فَلّاحُ قَرِيَتِنا عنْ طيبِ آمالِ

نَهْرٌ وَكُرنيشُهُ وَالسَّفْحُ مع جَبَلٍ
وَالسَّهلُ وَالدَّرب مَع أرتالِ عُمَّالِ

سَنابِلُ القَمْحِ وَاللَّوز الغَنِيِّ كَما
مَواسِمُ الزَّيتِ وَالرُّمّانِ وَالهالِ

بِشْرُ المَآذِنِ قُدَّاسُ الكَنائِسِ في
تَناغُمٍ تَرِفٍ سِلْماً تَجَلَّى لي

وَبَهْجَةُ العيدِ وَالتَّكبيرُ في دَعَةٍ
حَنينُ أفئِدَةٍ لِلمَوْسِمِ التّالي

وَمِهْرَجاناتُ تَرفيهٍ وَأنْشِطَةٍ
حِلْمٌ تُعانِقُهُ رَوْضاتُ أَطْطفالِ

أيّامَ كانَتْ علَى الأفراحِ لَمَّتُنا

وَأُغْنِيات المِزاجِ الفاخِرِ العالي

أَلْتوقُ أَحيا العلا في قَلْعةٌ شَمَخَتْ
وَأَلْنْ يطوفَ الوَرى حاراتِ أطلالِ

قَلْبي عَلَى وَطنٍ مازالَ يَسكُنُني
وَحالُهُ كَمِدٌ يُنْبيكَ أَلْأحوالي

إجراء أساسي

صباحُ الخيرِ.. إِجْراءٌ أساسي
أُلأطبّقه... وَبالشَّغَفِ القِياسي

صباحُ الخَيرِ تنطِقُها شِفاهي
بِطعمِ حلاوةٍ بِشَذا الغِراسِ

أَلأصبّحُ وَالغرامُ يَزيدُ نَبْضي
وَجفني يَقْتَني غُنْجَ النُّعاسِ

تُنَفّذُهُ غِوىً؛ فِتَناً.. عيوني
وَفيها مَوسِمُ الإغْفاءِ راسِ

صباحُ الخَيرِ لِلوجْهِ المُوشَّى
بِألوانٍ مِنَ الحسنِ الرِّئاسي

91

لَهُ وَلِبِشْرِهِ المغْني لِروحي
لطلعتِهِ الَّتي تَمحو المَآسي

سؤال ملّح

عـذراً......!!
سؤالٌ مُلِحٌّ قاطنٌ خَلَدي
قضَّ اصطباري ...ذوى ذرعاً بهِ جلَدي

أما علمتَ بِما عانيتُ مِن وجَعٍ؟
من هائلِ الولَعِ المحشوِّ في جسدي

أما خبرتَ قيودَ الكبْرِ تلجمني؟
للبَوح قد ربَطتُ.. وَالحبلُ من مسَدِ

أميتُ قلبي.. ولا أبدي تلَوَّعهُ
وَحكمتي (خلِقَ الإنسانُ في كبَدِ)

إنّي اتخَذت قَريض الحزنِ مُنطلقا

أبثُّهُ... كَحديثٍ صالحَ السَّندِ

وَالذَّهلُ يغشاك كيف انتابَني هَوَسٌ
حتّى.. جعلتُ منَ الإفصاحِ معتقَدي

هُو اشتِياقكَ لي لا بُدَّ تُعلنُهُ
ترجو العِناقَ هُدى بِالحينِ قبلَ غَدِ

شوقي كذلكَ ما ارتابَ اللِّقا أبداً
حقٌّ يقينٌ كَنَيلِ الأجرِ في الهُجُدِ

لكنّني خفتُ من إعصارِ مَن حسدوا
عنّي يُؤخّرهُ يُقصيهِ عن عمَدِ

قَلبي كعبدٍ تقيٍّ راكعٍ ورعٍ
مِن فرطِ لَهفَتهِ قد شكَّ في العَددِ

مخطوف

صرّحت عنكَ وَصارَ السِّرُّ مكشوفا
وَلَيسَ بَوح النِّسا بِالحبّ مَألوفا

نَظمتُ فيكَ قريضاً بَحرهُ ولَهٌ
ما كانَ عند الفَراهيدِيّ معروفا

وَعن رؤى الدؤليّ النّحوُ مختلفٌ
جعلتُ من أجلكَ المَمنوعَ مَصروفا

وصفتُ روحكَ
تغني اليُمنَ في تَرحي
بمثلِ روحكَ.. ما آنستُ موصوفا

وَالقدُّ في ترفٍ بالحسنِ تيّمني

حاز البَهاءَ على الإجلالِ معطوفا

أمّا الرقيّ☒ ففي الوجدانِ مَوئلُهُ
رأَيتُ جاهكَ للجَوزاءِ محفوفا

وما تَراجَع عن صكِ الوَفا خلَدي
فمخلِصاً لم يزل قلبي وَمشغوفا

بِلا عيونكَ صبحي تائِهٌ عمِهٌ
صوتي غدا خَرساً بِالخَنقِ ملفوفا

يا للذُّهول بُعيدَ البُعد عن نظري
وجَدت قلبي منَ الأضلاعِ مخطوفا

الآن يقوى الشعر

الآنَ ... يقوى الشّعر أن يَتَبنّى
فِكرا على نَغَمِ البَياتِ يُغنّى

وَتجودَ بِالنّشوى غيومٌ تَصحري
بعد احتضانِكَ لي كما يَتسنى

الآن تأتيني... تميط صفاقةً
عن خافِقي (ال)كم في جَواهُ تعنّى

وَتُحيلُ برداً في مَغارة أضلعي
دفئاً فيَنبتُ في المَغارةِ حِنّا

الآن إشهارٌ لِسرّ وُلوعِنا
وعلوُّ نبضٍ في البُعاد تَدنّى

الآن صرّح للأحبّةِ أنّنا
روحان من وَلهٍ وَأنّ وأنّ

وَبِأنّني أهديك وجداني فِدا
وَبُمهجتي واللهِ لا أتأنى

وَأبيع عمري كي أحوز بضمَّةٍ
أو كُنيتي بِحروفِ بَهاك تكنّى

لا شَيءَ..
يوقِفُني فَعشقك ذابحي
وَعُقابُ قلبي راقِصاً يتثنّى
الآن بالغيثِ الزُّلالِ تَجيئُني
بِالعِشقِ يا شغفا أنا أتَمنّى

حضنُ القوافي

في وصالِكَ نوره
من ضوءِ عينيك الهدى أتَجنّى

الآنَ يَغدو الشِعر فحلُ عذوبَةٍ
يَقوى وَكَشمير الرؤى يَتَبنّى

لهجة

أوّاهٌ يا عبَقَ الصّبابةِ في دمي
تغني وجودي طاهرَ النّسماتِ

عيناكَ تنفي قسوةً تقتاتُني
وَتُنَزّلُ الأحكامُ بِالرحماتِ

أفتت عيونكَ بالضّياءِ لِعتمتي
وَسماءَها.. رصعتَ بالنّجماتِ

عيناكَ قيثارٌ على أهدابِهِ
عزف لروحي ساحرُ النّغماتِ

سبحانَ من
أهدى عيونكَ لهجَةً

نطقَت مفاتِنها بِلا كلماتِ

حبٌّ تَفشّى

_ وَيْلاهُ..
مِنْ حُبٍّ طغى وتفشَّى
جَدُّ... وَأَصقاعي بِهِ تَتَغَشَّى

_ أحسَسْتُهُ..
جَيشاً تَغَلْغَلَ حامِلاً
أَسيافَ سَطوَتْهِ لِيُزْهِقَ غِشّا

_ ماكُنْتُ..
أُدرِكُ أنّ أَصوغَ رِوايَةً
تَضطَرُّ قَلْبي أَنْ يُصَيَّرَ عُشّا

_ أَوْ أَنْ..
تُطَرَّزَ بِالهَوى جُدرانُهُ

وَبِزَرِكَشاتِ صَبابَةٍ يَتَوَشّى

ـ هِيَ سُنّة..
اللهِ الّتي ما أَلاخْطَأَتْ
أنّي بِعِطرِ تَعشّقٍ أَتَنَشّى

ـ رِفْقاً أَيا..
حَكَمَ الغَرامِ بِخافِقي
مازالَ قَلبي بِالتّوَلُّعِ هَشّا

ـ أَرجو..
قَرارَكَ بِالتَّفرُقِ لا يَشي
فَتُحيلَهُ ذَهَبَ المَحبّةِ قَشّا

أهواك

تَخْتالُ فَوقَ تِلالِهِ بِتَغْطرِسِ
وَرؤاهُ تَقْطفُ بِالغَرامِ الأَشْرسِ

أَهواكَ
في نَحرِ القَريضِ حرائِقاً
مِنْ دَمِّ شِرياني وقوداً تَحتَسي

أَهواكَ
تَسبُرُ عمقَ أَغْوارِ الهَوى
في داخِلي بِحنينِكَ المُتَكَّدِسِ

وَتُحيطُ
أَضْلاعي بِسورِ رجولةٍ
وَتعيدُ إعماري بِفَنِّ مهنْدِسِ

أَهواكَ
تَحمِلُني عَلَى جُنْحِ المَسا
وَتطير فَوْقَ سَواحلٍ مِنْ نرجِس

وَأنا
الأَميرةُ في ذُرى علْيائِها
كُلُّ العصورِ بِراحتَيَّ كَسُنْدسِ

أَهواكَ
حدَّ الإنْصِهارِ كَزَهرةٍ
ثَلجِيّةٍ بَيْضا بِيَومٍ مُشْمِسِ

إنْ
لامَسَتْ يَدُكَ ارتِباك مَشاعِري
أُحصد كَما قَمْح بِفَجرٍ مُؤنِسِ

وَالشَّـوْقُ
يدخُلُني؛ يَجولُ بِخافِقي
طيفاً تُشـاكِسُ لَهْفَتي كَمُهَلْوِسِ

أَهواكَ
تُشْبِعُ رِقَّتي، غُنْجي الّذي
يَجتاحني وَبِهِ رِياضي تَكتَسي

وَبِإصبَعَيكَ
العابِثَيْنِ بِمِفْرَقي
لِتُدَلِّلَ الشَّعرَ الوديعَ كَسَرخَسِ

أَبْكي...
كَما طِفْلٍ يُضيِّعُ أُمَّهُ
لِأمانِ حضنِ عِناقِها مُتَحَمِّسِ

إقرار وإصرار

أُقِرُّ بِأنَّ أَخْطائي تَزيدُ
وَسَعيي لِلتَغَيُّرِ لا يفيدُ

وَتَقوايَ
استَحالتْ وَسَوَساتٍ
وَأهْلَكَ فطنَتي سِـحرٌ عنيدُ

وَقد
حمّلْتُ نَفْسي في تَجَنٍّ
ذُنوباً كَلّما ذَهَبَتْ أُعيدُ

ذُنوبي
لا تُشابِهها ذُنوبٌ
وَإِثمُ عذابِها حلُوٌ حَميدُ

107

جُنوني
مَع ولوعي وَالْتِياعي
وعشـقي؛ وَالفنا شَغَفاً أُجيدُ

وَديني
واعتِناقي في حبيبٍ
وعن ولهي بأسمَرَ لا أحيد

عيناه

عيْناهُ لغزانِ في حلّيْهِما ضَلَلُ
أخْشى العيونَ أنا إنْ لَوْنُها الظللُ

عيْناهُ رمْزانِ منْ مَكرٍ وَشعوذةٍ
لِفكِّ سحريْهِما - تَعويذةٌ - جَلَلُ

نَبْضي على ذَبْذباتِ الرّموشِ غَدا
مِنْ هَولِ لَهفَتِهِ قَد صابَهُ الخَلَلُ

لجَوْبِ صحرائِهِ جهّزت راحِلَتي
فَاثّاقَلَت بِالجَوى أطرافُه الجَمَلُ

تُقْصى حروفي؛ بِوصفِ العِشْقِ تُخْبِرني
هَذي القَصائدُ في إيقاعِها خَبَلُ

أنا زُلَيْخَةُ شِعرٍ وَهْوَ يوسُفُهُ
ما قلت هَيْتَ لِماذا قَوْميَ انذَهلوا!

إنّي سأعلن لِلْعشّاقِ كلِّهِمُ
فَرمانَ هَلْوَسَتي وَلينْشُرِ الرسُلُ

صيتَ جُنوني وَما بَعد الجُنونِ أرى
وغَيْرَ المَماتِ هَوىً وَالقاتِلُ المُقَلُ

كلُّ البِقاعِ مَنافٍ كَيْفَ أسكُنُها
والحرز بينَ ضُلوعِ الخِلِّ يُخْتَزَلُ

وَهْو المَلاذُ اذا ما حَفَّ بي قَلَقٌ
آوي إلَى صدرِهِ لَوْ مسَّني الوَجَل

الفهرس

جيني وَجُنوني 5

حين يلقاكَ 7

لهفي........... 10

من أوّل صدفة 12

أموت........... 16

كن فظا غليظا 19

مثل دمية 21

كَم أنتَ تُعشَقُ! 23

شلال تشبيب 26

في المقهى 29

عسل هواه 32

ولا عيني ترفُّ 34

شيب 37

إنّ الهوى ذَبّاحُ 39

أرنو سلامَكَ 42

جوى 45

صكُ امتِلاك 47

سِحريُّ أشعاري 49

الآنَ تمطر 52

يباع ويشترى 55

سأعود 57

أشعر الشعرا 59

القَطفُ بِالتّقسيطِ 61

الفصول الأربعة 63

ثوابتُ حبي 65

ابنُ الّذينَ 67

الشّهيد المُجتَبى 68

مِرآتي 70

أَنْتَ المُبتَدأ 72

كُرمى لِعيْنِكَ 74

استولى على وجداني 76

لا عساني أحرمك 79

حسـن 81

خَطأٌ مُتَعمَّد 82

شبه قصيدة (الزمكان) 84

ترحال 88

إجراء أساسي 91

سـؤال ملّح 93

مخطوف 95

الآن يقوى الشعر 97

لهجة 100

حبٌّ تَفشّى 102

أهواكَ 104

إقرار وإصرار 107

عيناه 109

الفهرس 111

KINZY PUBLISHING AGENCY

Kinzypa.com

info@kinzypa.com

+201122811065
+201122811064